Números de 0 a 10
Numbers 0 through 10

Encierra en un círculo el número que dice cuantos son.
Circle the number that tells how many.

Conectando Números con Objetos
Matching Numbers with Objects

Conecta el grupo con el número correcto.
Match the group with the correct number.

1
2
3
4
5
6
7
8
9
10

Dibujando Objetos por Números
Drawing Objects for Numbers

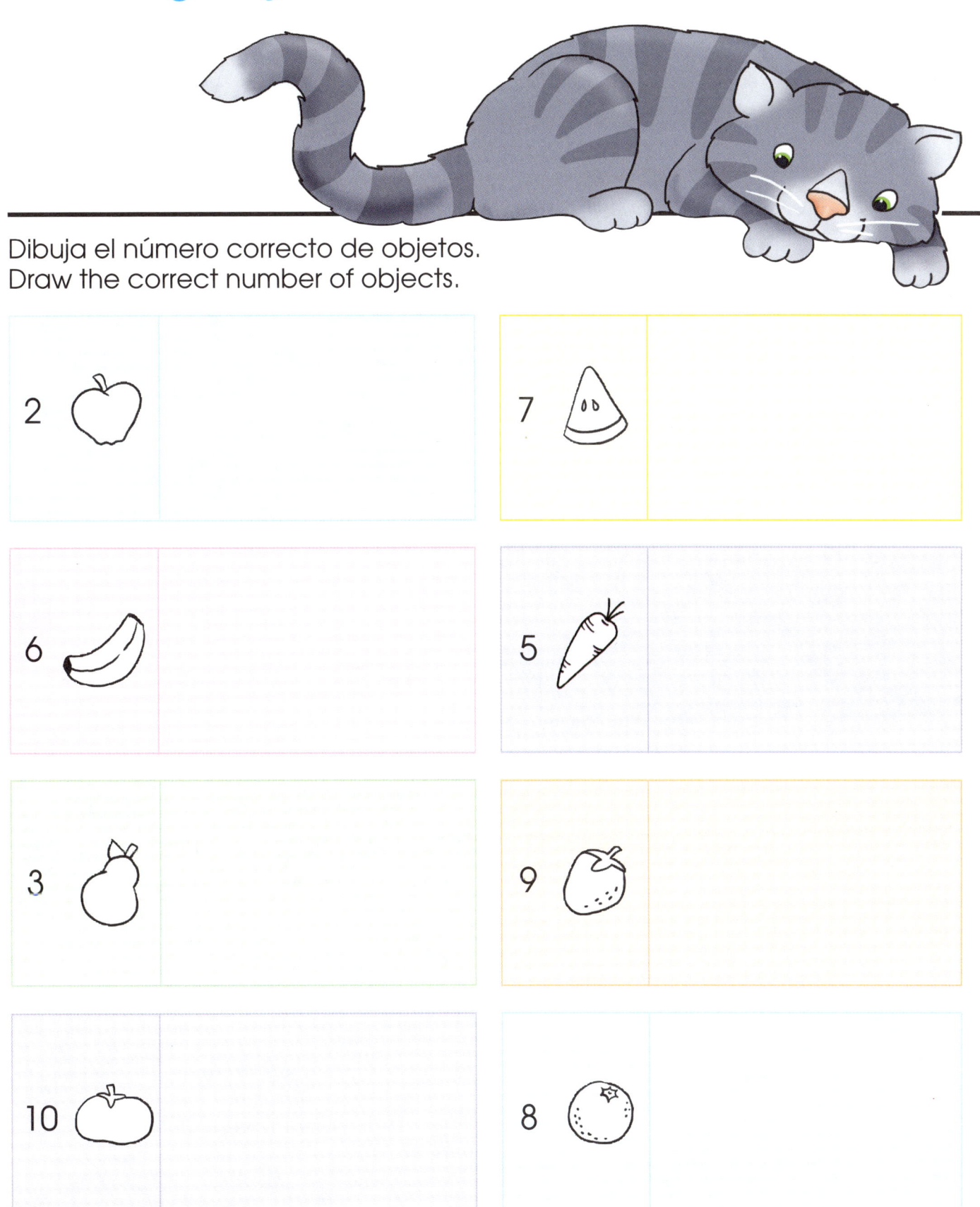

Dibuja el número correcto de objetos.
Draw the correct number of objects.

2	7
6	5
3	9
10	8

Escribiendo Números
Writing Numbers

Traza.
Trace.

0 1 2 3 4
5 6 7 8 9 10

Escribe los números que faltan.
Write the missing numbers.

0 1 __ 3 __
5 __ 7 __ __ 10

Escribe los números **0-10** en orden.
Write the numbers **0-10** in order.

Escribiendo Números por Objetos
Writing Numbers for Objects

Escribe cuantos animales hay en cada grupo.
Write how many animals are in each group.

¿Cuál Grupo Tiene Más?
Which Group Has More?

← Este grupe tiene **más** pingüinos.
This group has **more** penguins.

Encierra en un círculo el grupo que tiene **más** animales.
Circle the group that has **more** animals.

1.

2.

3.

4.

5.

6.

7. Dibuja un grupo de 🐟 que demuestra **1 más** que 3.
   Draw a group of 🐟 to show **1 more** than 3.

¿Cuántos 🐟 son?
How many 🐟? _____

¿Cuál Número Es Mayor?
Which Number is Greater?

En matemáticas, **mayor** significa **más que**.
5 es **mayor** que 3.
In math, **greater** means **more than**.
5 is **greater** than 3.

(5) 　　　　　　　　　　　　　　　　　　　3

Escribe cuantos hay en cada grupo. Encierra en un círculo el número **mayor**.
Write how many are in each group. Circle the **greater** number.

1.

   ___   ___

2.

   ___   ___

3.

   ___   ___

4.

   ___   ___

5.

   ___   ___

6.

   ___   ___

¿Cuál Grupo Tiene Menos?
Which Group Has Fewer?

← Este grupo tiene **menos** murciélagos.
This group has **fewer** bats.

Encierra en un círculo el grupo que tiene **menos** animales.
Circle the group that has **fewer** animals.

1.

2.

3.

4.

5.

6.

7. Dibuja un grupo de 🦋s que demuestra **1 menos** que 10.
   Draw a group of 🦋s to show **1 fewer** than 10.

¿Cuántos 🦋s son?
How many 🦋s ? _____

¿Cuál Número Es Menor?
Which Number is Less?

En matemáticas, **menor** significa **menos que**. 9 es **menor** que 10.
In math, **less** means **fewer** or **not as many**.
9 is **less** than 10.

⑨   10

Escribe cuantos hay en cada grupo. Encierra en un círculo el número **menor**.
Write how many are in each group. Circle the number that is **less**.

1.

　　___　　　___

2. 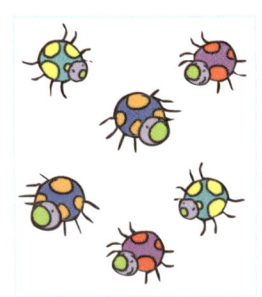

　　___　　　___

3.

　　___　　　___

4.

　　___　　　___

5.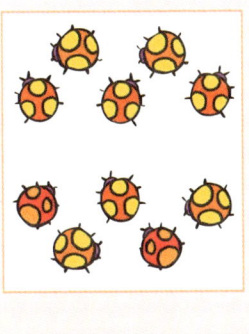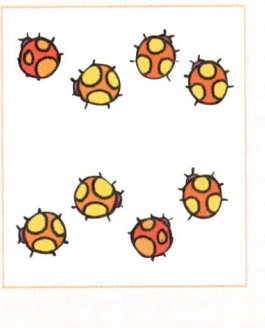

　　___　　　___

6.

　　___　　　___

Sumando para Encontrar la Suma
Adding to Find the Sum

___1___ + ___2___ = ___3___   La **suma** dice cuantos son en total.
The **sum** tells how many in all.

Escribe las operaciones para cada dibujo. Escribe la **suma**.
Write the number sentence about each picture. Find the **sum**.

1.

   _____ + _____ = _____

2.

   _____ + _____ = _____

3.

   _____ + _____ = _____

4.

   _____ + _____ = _____

5.

   _____ + _____ = _____

6.

   _____ + _____ = _____

7.

   _____ + _____ = _____

8.

   _____ + _____ = _____

Más Sumas
More Adding

$$\begin{array}{r} 1 \\ +\ 2 \\ \hline =\ 3 \end{array}$$ ← suma / sum

Escribe las operaciones para cada dibujo. Escribe la **suma**.
Complete the problem for each picture. Find the **sum**.

1.    ___ + ___ = ___

2.    ___ + ___ = ___

3.    ___ + ___ = ___

4.    ___ + ___ = ___

5.    ___ + ___ = ___

6.   ___ + ___ = ___

7.    ___ + ___ = ___

8.    ___ + ___ = ___

Sumas hasta 5   Sums through 5   11

Restando para Encontrar la Diferencia
Subtracting to Find the Difference

____5____ − ____2____ = ____3____

La **diferencia** dice cuantos quedan.
The **difference** tells how many are left.

Escribe las operaciones para cada dibujo.
Write the number sentence about each picture.

1.

   _____ − _____ = _____

2.

   _____ − _____ = _____

3.

   _____ − _____ = _____

4.

   _____ − _____ = _____

5.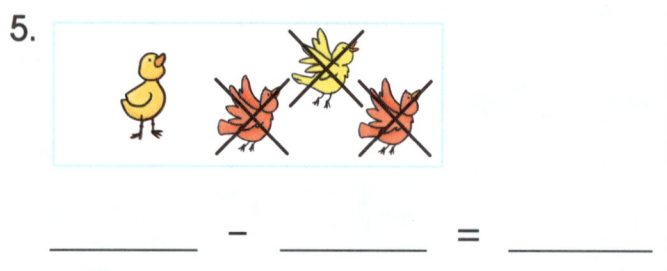

   _____ − _____ = _____

6.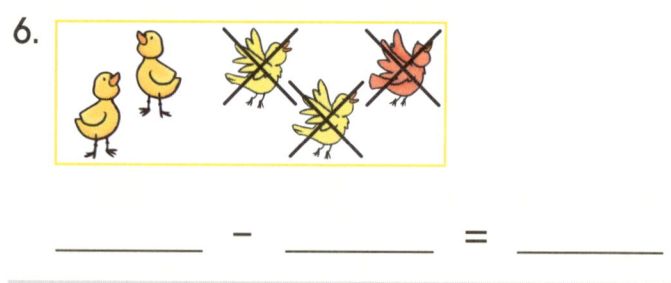

   _____ − _____ = _____

7.

   _____ − _____ = _____

8.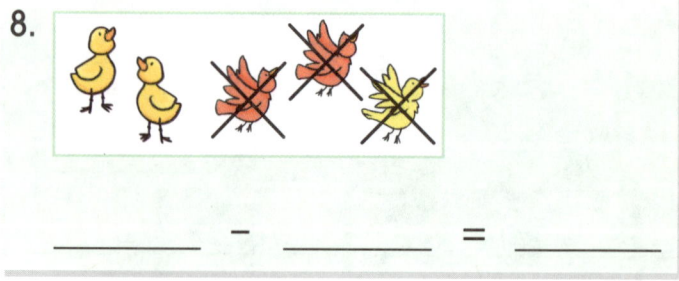

   _____ − _____ = _____

Más Restas
More Subtracting

  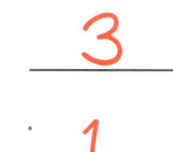

$$\begin{array}{r} 3 \\ -\ 1 \\ \hline =\ 2 \end{array}$$ ← diferencia / difference

Escribe las operaciones para cada dibujo. Escribe la **diferencia**.
Complete the problem for each picture. Find the **difference**.

1.
$$\begin{array}{r} \underline{} \\ -\ \underline{} \\ =\ \underline{} \end{array}$$

2.
$$\begin{array}{r} \underline{} \\ -\ \underline{} \\ =\ \underline{} \end{array}$$

3.
$$\begin{array}{r} \underline{} \\ -\ \underline{} \\ =\ \underline{} \end{array}$$

4.
$$\begin{array}{r} \underline{} \\ -\ \underline{} \\ =\ \underline{} \end{array}$$

5.
$$\begin{array}{r} \underline{} \\ -\ \underline{} \\ =\ \underline{} \end{array}$$

6.
$$\begin{array}{r} \underline{} \\ -\ \underline{} \\ =\ \underline{} \end{array}$$

7.
$$\begin{array}{r} \underline{} \\ -\ \underline{} \\ =\ \underline{} \end{array}$$

8.
$$\begin{array}{r} \underline{} \\ -\ \underline{} \\ =\ \underline{} \end{array}$$

Diferencias en relación de sumas hasta 5   Differences related to sums through 5

Tabla de Adición–Sumas hasta 5
Addition Facts Table–Sums through 5

Llena la tabla encontrando las **sumas**.
Colorea tus respuestas. ¿Puedes ver un patrón?

Fill in the addition table by finding the **sums**.
Color your answers. Do you see a pattern?

+	0	1	2	3	4	5
0	0					
1						
2				5		
3		4				
4						
5						

2 + 3 = 5

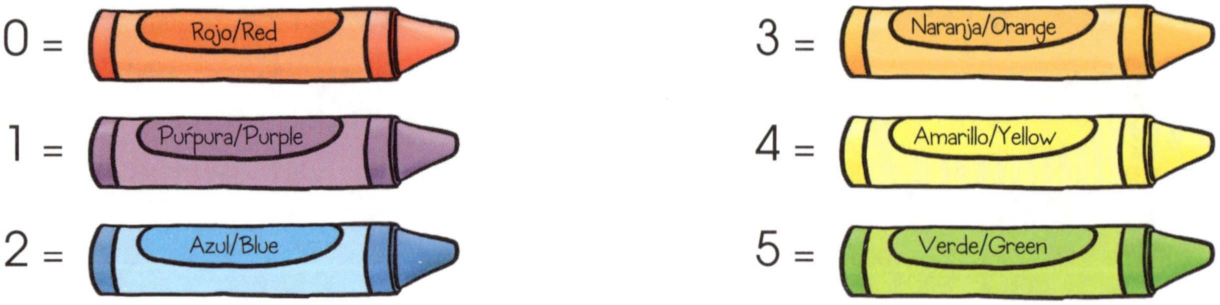

0 =  Rojo/Red

1 = 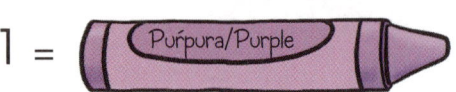 Púrpura/Purple

2 = Azul/Blue

3 = 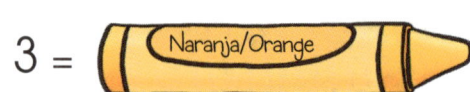 Naranja/Orange

4 =  Amarillo/Yellow

5 =  Verde/Green

Sumas y Restas
Adding and Subtracting

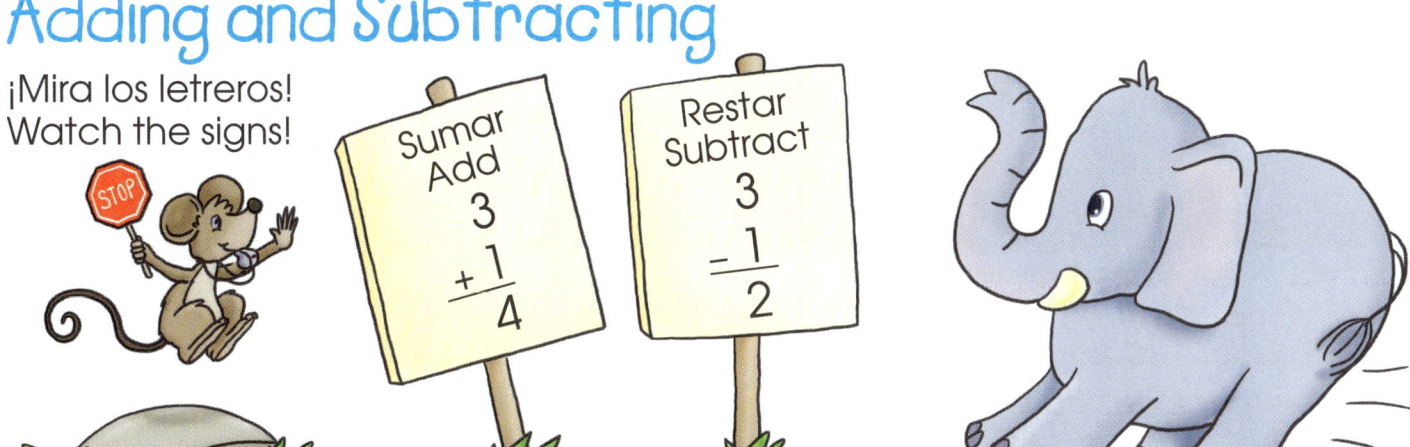

¡Mira los letreros!
Watch the signs!

Encuentra las **sumas** y las **diferencias**. Consulta la tabla de adición en página 14 si quieres.
Find the **sum** or **difference**. The addition facts table on page 14 may help you.

1. 3 + 1 = _____
2. 3 − 1 = _____
3. 2 + 0 = _____

4. 5 − 1 = _____
5. 2 + 3 = _____
6. 4 − 3 = _____

7. 2 − 0 = _____
8. 1 + 2 = _____
9. 4 + 1 = _____

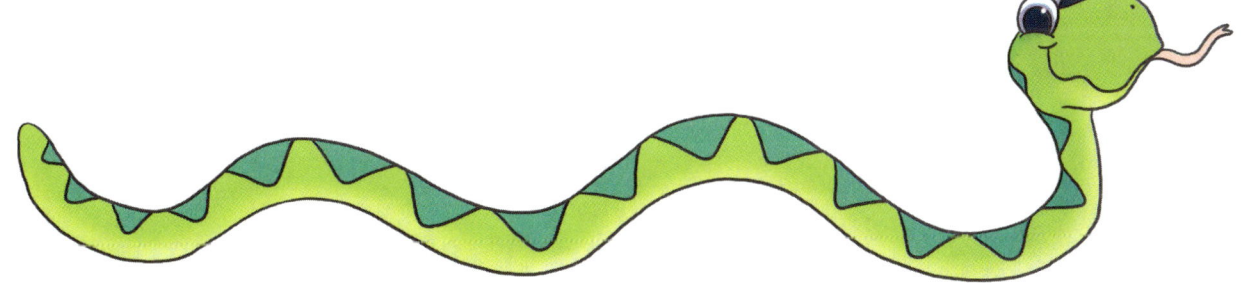

10. 3
    +1

11. 2
    −1

12. 5
    +0

13. 4
    −1

14. 3
    −2

15. 0
    +3

16. 2
    +2

17. 3
    −0

Encontrando Sumas de 6 a 10
Finding Sums 6 through 10

__6__ + __3__ = __9__

Puedes contar los peces para averiguar el número total.

You may count all the fish to find how many in all.

Escribe las operaciones para cada dibujo. Escribe la **suma**.
Write the number sentence about each picture. Find the **sum**.

1.

   ___ + ___ = ___

2.

   ___ + ___ = ___

3.

   ___ + ___ = ___

4.

   ___ + ___ = ___

5.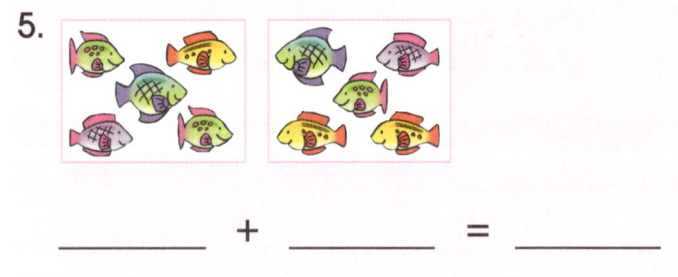

   ___ + ___ = ___

6.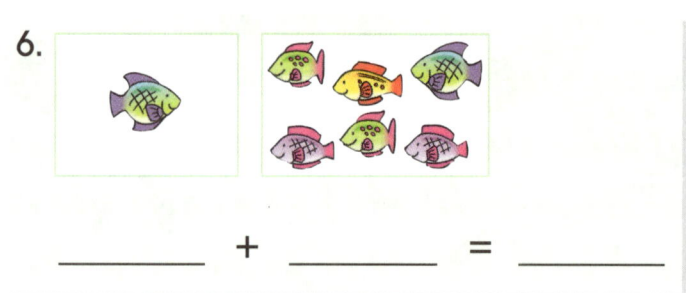

   ___ + ___ = ___

7.

   ___ + ___ = ___

8.

   ___ + ___ = ___

Añadiendo para Encontrar Sumas
Adding On to Find Sums

Añade **1** a cada número.
Escribe la suma.

Add **1** to each number.
Write the answer.

8   9 ____

$8 + 1 = 9$

1. Añade **1** a cada número.
   Escribe la suma.

   Add **1** to each number.
   Write the answer.

   6 ____

   8 ____

   7 ____

   9 ____

2. Añade **2** a cada número.
   Escribe la suma.

   Add **2** to each number.
   Write the answer.

   5 ____

   7 ____

   8 ____

   6 ____

3. Añade **3** a cada número.
   Escribe la suma.

   Add **3** to each number.
   Write the answer.

   5 ____

   6 ____

   4 ____

   7 ____

4. Añade **4** a cada número.
   Escribe la suma.

   Add **4** to each number.
   Write the answer.

   5 ____

   3 ____

   4 ____

   6 ____

Tabla de Adición–Sumas hasta 10
Addition Facts Table-Sums through 10

Llena la tabla para encontrando las **sumas**.
Fill in the addition facts table by finding the **sums**.

+	0	1	2	3	4	5	6	7	8	9
0	0						6			
1										
2						7				
3								10		
4										
5										
6										
7		8								
8										
9										

Escribe las sumas.
Write the sums.

9 + 1 = _____

8 + 2 = _____

7 + 3 = _____

6 + 4 = _____

5 + 5 = _____

Hechos de Adición en Parejas
Addition Fact Pairs

Mira la tabla de adición en página 18.
Encuentra estos hechos en la tabla. ¿Qué notas?

Look at the addition facts table on page 18.
Find these facts in the table. What do you notice?

Cuando sabes un hecho, puedes pensar en otro.

When you know one fact, you can think of another fact.

3 + 5 = 8   7 + 0 = 7
5 + 3 = 8   0 + 7 = 7

Escribe las **sumas**. Consulta la tabla de adición en página 18 si quieres.
Write the **sums**. Use the addition facts table on page 18 if you need to.

1. 6 + 3 = ____   2. 5 + 2 = ____   3. 7 + 3 = ____
   3 + 6 = ____   2 + 5 = ____   3 + 7 = ____

4. 9 + 1 = ____   5. 6 + 2 = ____   6. 8 + 0 = ____
   1 + 9 = ____   2 + 6 = ____   0 + 8 = ____

Escribe la **suma**. Luego escribe otro hecho de adición usando los mismos números.
Write the **sum**. Then write another addition fact using the same numbers.

7. 4 + 5 = ____   8. 3 + 4 = ____   9. 6 + 0 = ____

   ___ + ___ = ___   ___ + ___ = ___   ___ + ___ = ___

10. 8 + 2 = ____   11. 0 + 9 = ____   12. 1 + 7 = ____

    ___ + ___ = ___   ___ + ___ = ___   ___ + ___ = ___

Escribe una pareja de hechos de adición para cada grupo de números.
Write a pair of addition facts for each group of numbers.

13.   2 7 9   14.   4 6 10   15.   0 8 8

    ___ + ___ = ___   ___ + ___ = ___   ___ + ___ = ___

    ___ + ___ = ___   ___ + ___ = ___   ___ + ___ = ___

Más Hechos de Restar
More Subtraction Facts

Una línea de números puede ayudarte a encontrar **diferencias**.
A number line can help you find **differences**.

9 − 3 = __6__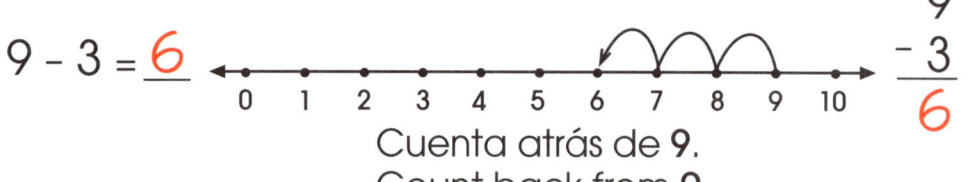

$$\begin{array}{r} 9 \\ -3 \\ \hline 6 \end{array}$$

Cuenta atrás de **9**.
Count back from **9**.

Encuentra las **diferencias**. Usa la línea de números si quieres.
Find the **differences**. Use the number line if you need to.

1. 8 − 3 = ____   2. 7 − 2 = ____   3. 10 − 4 = ____

4. 9 − 1 = ____   5. 6 − 0 = ____   6. 8 − 4 = ____

7. $\begin{array}{r}6\\-4\\\hline\end{array}$ 8. $\begin{array}{r}8\\-2\\\hline\end{array}$ 9. $\begin{array}{r}5\\-5\\\hline\end{array}$ 10. $\begin{array}{r}9\\-4\\\hline\end{array}$

11. $\begin{array}{r}10\\-3\\\hline\end{array}$ 12. $\begin{array}{r}7\\-4\\\hline\end{array}$ 13. $\begin{array}{r}9\\-7\\\hline\end{array}$ 14. $\begin{array}{r}10\\-8\\\hline\end{array}$

15. Escribe una ecuación de restas para esta línea de números.
    Write a subtraction equation for this number line.

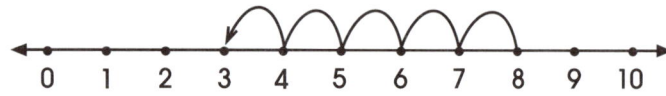   

Hechos de Resta en Parejas
Subtraction Fact Pairs

Mira estos hechos de resta.
Look at these subtraction facts.

8 − 3 = 5   9 − 0 = 9
8 − 5 = 3   9 − 9 = 0

When you know one fact, you can think of another fact.

Cuando sabes un hecho, puedes pensar en otro.

Escribe las **diferencias**.
Write the **differences**.

1. 7 − 3 = ___
   7 − 4 = ___

2. 9 − 5 = ___
   9 − 4 = ___

3. 7 − 0 = ___
   7 − 7 = ___

4. 9 − 1 = ___
   9 − 8 = ___

5. 10 − 2 = ___
   10 − 8 = ___

6. 8 − 6 = ___
   8 − 2 = ___

Escribe la **diferencia**. Luego escribe otro hecho de resta usando los mismos números.
Write the **difference**. Then write another subtraction fact using the same numbers.

7. 9 − 5 = ___
   9 − 4 = ___

8. 7 − 5 = ___
   ___ − ___ = ___

9. 6 − 0 = ___
   ___ − ___ = ___

10. 10 − 2 = ___
    ___ − ___ = ___

11. 8 − 8 = ___
    ___ − ___ = ___

12. 8 − 1 = ___
    ___ − ___ = ___

Escribe una pareja de hechos de resta para cada grupo de números.
Write a pair of subtraction facts for each group of numbers.

13.   3 6 9
    ___ − ___ = ___
    ___ − ___ = ___

14.   2 8 10
    ___ − ___ = ___
    ___ − ___ = ___

15.   0 9 9
    ___ − ___ = ___
    ___ − ___ = ___

Sumar y Restar
Adding and Subtracting

Encuentra la **suma** o la **diferencia**.
Find the **sum** or **difference**.

1. 8 + 1 = ____
2. 7 − 2 = ____
3. 9 + 0 = ____

4. 10 − 1 = ____
5. 6 + 3 = ____
6. 8 − 3 = ____

7. 8 − 0 = ____
8. 7 + 2 = ____
9. 4 + 6 = ____

10. 1
   +9
   ―――

11. 5
   − 1
   ―――

12. 7
   +0
   ―――

13. 9
   − 2
   ―――

14. 3
   − 0
   ―――

15. 3
   +7
   ―――

16. 5
   +5
   ―――

17. 6
   − 0
   ―――

Números de 11 a 20
Numbers 11 through 20

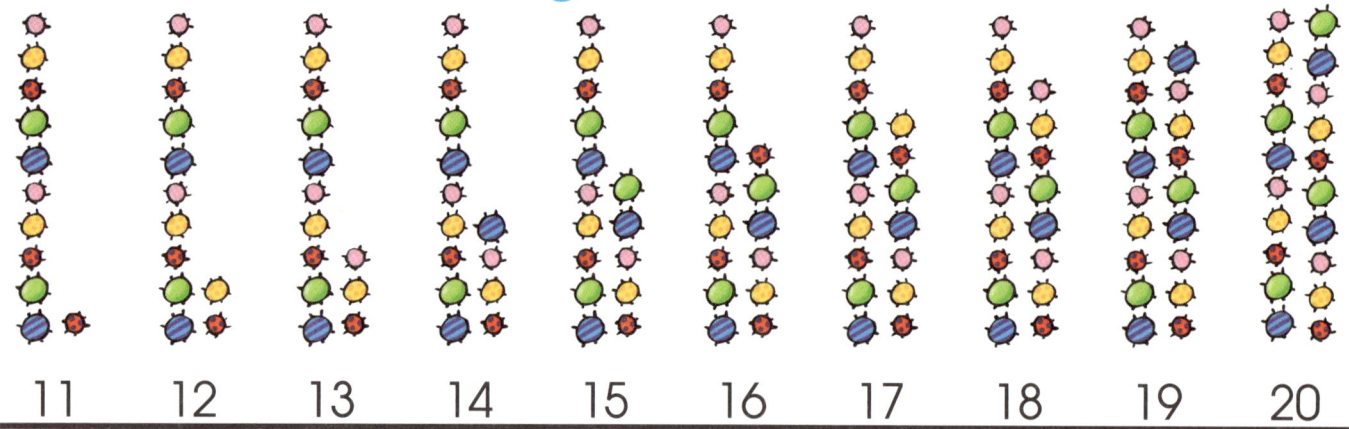

11 12 13 14 15 16 17 18 19 20

Conecta. Encierra en un círculo grupos de 10.
Match. Circle groups of 10.

	10 y Más **10 and More**	**Número** **Number**
1.	10 y and 3	11
		12
2.	10 y and 5	13
		14
3.	10 y and 1	15
		16
4.	10 y and 7	17
		18
5.	10 y and 10	19
6.	10 y and 6	20

Contando a 20
Counting to 20

1 a 10 1 through 10	1	2	3	4	5	6	7	8	9	10
11 y más 11 and more	11	12	13	14	15	16	17	18	19	20

Escribe los números que faltan.
Write the missing numbers.

1. 11, 12, ____, 14, ____, 16, ____, 18, ____, 20

2. 11, ____, ____, ____, 15, ____, ____, ____, 19

3. 5, ____, ____, 8, ____, ____, 11, ____, ____, 14

4. ____, ____, 13, ____, ____, ____, 17, ____, ____, 20

5. Conecta los puntos.
   Connect the dots.

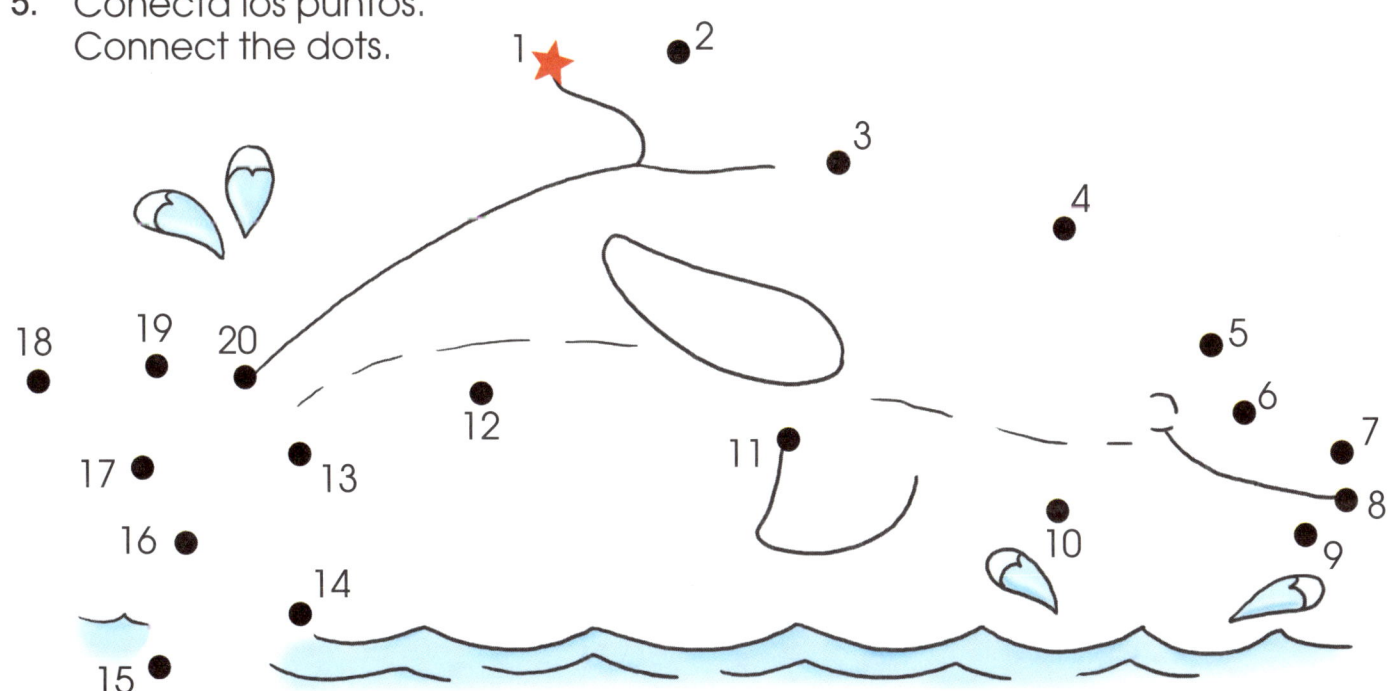

Encontrando Sumas hasta 12
Finding Sums through 12

$\underline{5} + \underline{6} = \underline{11}$

Escribe las operaciones para cada ficha de dominó.
Write a number sentence about each domino.

1.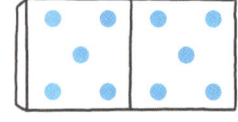
   ____ + ____ = ____

2.
   ____ + ____ = ____

3.
   ____ + ____ = ____

4.
   ____ + ____ = ____

5.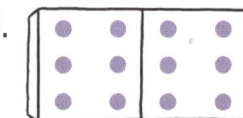
   ____ + ____ = ____

6.
   ____ + ____ = ____

7.
   ____ + ____ = ____

8.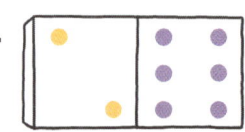
   ____ + ____ = ____

9.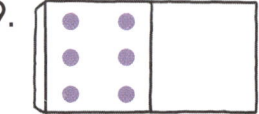
   ____ + ____ = ____

Dibuja puntos en cada ficha para averiguar la suma de cada problema.
Draw dots on the domino to find the sum for each problem.

10.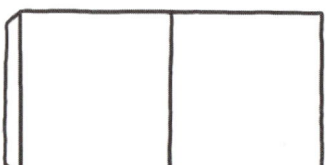

    $6 + 5 =$ ____

11.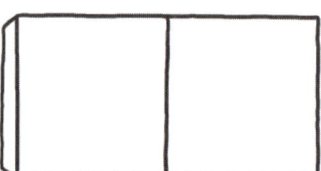

    $6 + 6 =$ ____

12.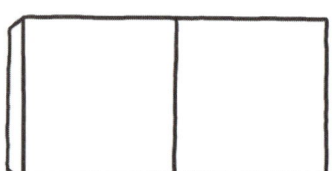

    $4 + 6 =$ ____

Práctica de Adición
Addition Practice

Una línea de números puede ayudarte a encontrar **sumas**.
A number line can help you find the **sum**.

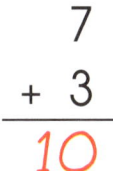
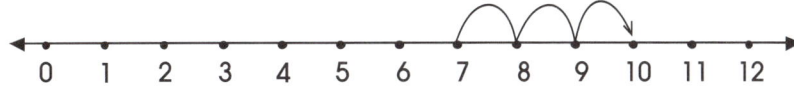

Cuenta **3** más que **7** para tener **10**.
Count on **3** more than **7** to get **10**.

Escribe las sumas. Usa la línea de números si quieres.
Find the sums. Use the number line if you need to.

1.
   5   8   9   4
+ 6   + 3   + 1   + 4

2.
   7   3   7   9
+ 5   + 9   + 2   + 2

3.
   6   7   5   8
+ 6   + 4   + 5   + 4

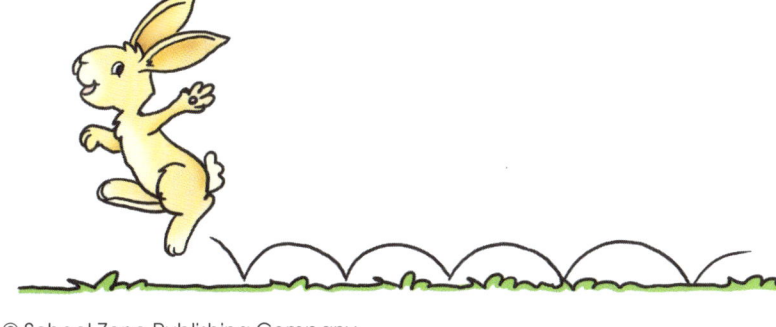

Sumas hasta 12 Sums through 12

Más Hechos de Resta
More Subtraction Facts

$10 - 3 = \underline{7}$

Mira cada pareja de hechos de resta.
Escribe las **diferencias**.

Look at each subtraction fact pair.
Write the **differences**.

1. $10 - 2 = \underline{}$

   $10 - 8 = \underline{}$

2. $12 - 8 = \underline{}$

   $12 - 4 = \underline{}$

3. $12 - 3 = \underline{}$

   $12 - 9 = \underline{}$

4. $12 - 6 = \underline{}$

5. $12 - 5 = \underline{}$

   $12 - 7 = \underline{}$

6. $11 - 3 = \underline{}$

   $11 - 8 = \underline{}$

7. $11 - 4 = \underline{}$

   $11 - 7 = \underline{}$

8. $11 - 5 = \underline{}$

   $11 - 6 = \underline{}$

Práctica de Resta
Subtraction Practice

$$\begin{array}{r} 11 \\ -7 \\ \hline 4 \end{array}$$

Resta los números. Escribe la **diferencia**.
Subtract the numbers. Write the **difference**.

1. $\begin{array}{r} 11 \\ -5 \\ \hline \end{array}$ $\quad$ $\begin{array}{r} 10 \\ -4 \\ \hline \end{array}$ $\quad$ $\begin{array}{r} 9 \\ -5 \\ \hline \end{array}$

2. $\begin{array}{r} 12 \\ -6 \\ \hline \end{array}$ $\quad$ $\begin{array}{r} 11 \\ -3 \\ \hline \end{array}$ $\quad$ $\begin{array}{r} 10 \\ -2 \\ \hline \end{array}$

3. $\begin{array}{r} 12 \\ -4 \\ \hline \end{array}$ $\quad$ $\begin{array}{r} 11 \\ -2 \\ \hline \end{array}$ $\quad$ $\begin{array}{r} 12 \\ -7 \\ \hline \end{array}$

4. $\begin{array}{r} 12 \\ -5 \\ \hline \end{array}$ $\quad$ $\begin{array}{r} 11 \\ -4 \\ \hline \end{array}$ $\quad$ $\begin{array}{r} 12 \\ -8 \\ \hline \end{array}$

Diferencias en relación de sumas hasta 12 Differences related to sums through 12

¿Restar o Sumar?
Do You Add or Subtract?

Escribe la **suma** o la **diferencia**.
Write the **sum** or **difference**.

$$\begin{array}{r} 12 \\ -3 \\ \hline \end{array}$$

$$\begin{array}{r} 7 \\ +3 \\ \hline \end{array}$$

$$\begin{array}{r} 10 \\ -4 \\ \hline \end{array}$$

$$\begin{array}{r} 9 \\ +2 \\ \hline \end{array}$$

$$\begin{array}{r} 10 \\ -8 \\ \hline \end{array}$$

$$\begin{array}{r} 12 \\ -4 \\ \hline \end{array}$$

$$\begin{array}{r} 12 \\ -7 \\ \hline \end{array}$$

$$\begin{array}{r} 8 \\ +3 \\ \hline \end{array}$$

$$\begin{array}{r} 1 \\ +9 \\ \hline \end{array}$$

$$\begin{array}{r} 9 \\ -7 \\ \hline \end{array}$$

$$\begin{array}{r} 10 \\ -3 \\ \hline \end{array}$$

$$\begin{array}{r} 11 \\ -4 \\ \hline \end{array}$$

$$\begin{array}{r} 12 \\ -6 \\ \hline \end{array}$$

$$\begin{array}{r} 7 \\ +2 \\ \hline \end{array}$$

$$\begin{array}{r} 0 \\ +9 \\ \hline \end{array}$$

$$\begin{array}{r} 5 \\ +6 \\ \hline \end{array}$$

Sorprendentes Sumas y Restas
Amazing Adding and Subtracting

Sigue el camino entre los animales acuáticos.
Escribe las **sumas** y las **diferencias**.

Follow the path around the animals that like water.
Find the **sums** and **differences**.

Adición y resta: sumas hasta 12   Addition/subtraction: sums through 12

¿Cuáles Problemas Dan la Solución?
Which Problems Give the Answer?

Encierra en un círculo los problemas que dan la solución correcta.
Circle the problems that give the right answer.

1. __9__   (10 − 1)   (2 + 7)   (8 + 1)   3 + 5   11 − 3

2. __5__   3 + 3   6 − 1   5 + 1   5 + 0   9 − 4

3. __8__   10 − 2   4 + 4   6 + 3   2 + 6   12 − 6

4. __10__   12 − 3   6 + 4   7 + 3   4 + 5   11 − 1

5. __12__   4 + 7   12 − 0   8 + 4   7 + 5   6 + 5

6. __6__   3 + 3   12 − 6   5 + 1   9 + 3   11 − 4

7. __11__   6 + 4   9 + 2   5 + 6   7 + 5   8 + 3

8. __7__   7 + 0   11 − 4   4 + 3   2 + 6   12 − 1

Diferencias de Color
Colorful Differences

Escribe la **diferencia**.
Colorea el dibujo.

Find the **difference**.
Color the picture.

12 − 9 = _____ **Marrón / Brown**

10 − 9 = _____ **Rojo / Red**

11 − 9 = _____ **Amarillo / Yellow**

12 − 8 = _____ **Verde / Green**

12 − 6 = _____ **Azul / Blue**

11 − 6 = _____ **Negro / Black**

© School Zone Publishing Company — Diferencias en relación de sumas hasta 12 — Differences related to sums through 12

Decenas y Unidades
Tens and Ones

decenas   unidades

tens __1__ ones __1__

¿Cuántos son? How many? __11__

Cuenta los objetos. Encierra los objetos en grupos de diez.
Escribe el número de **decenas** y **unidades**. Escribe cuantos hay en total.

Count the objects. Circle the objects in groups of ten.
Write the number of **tens** and **ones**. Then write how many in all.

1.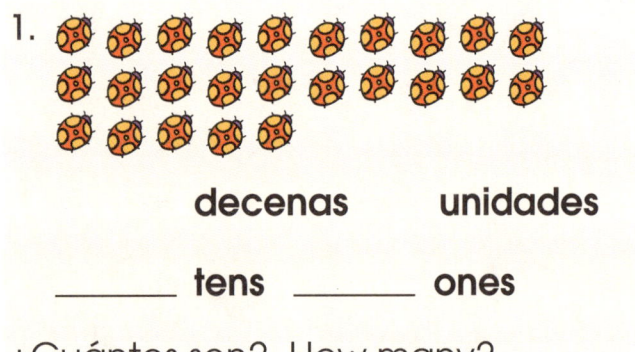

     decenas   unidades

    ____ tens   ____ ones

¿Cuántos son? How many? ____

2.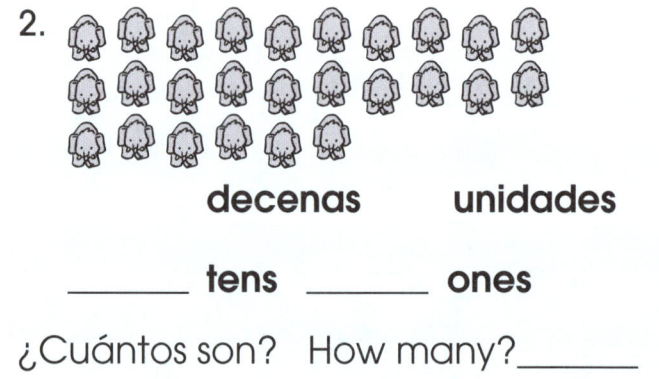

     decenas   unidades

    ____ tens   ____ ones

¿Cuántos son? How many? ____

3.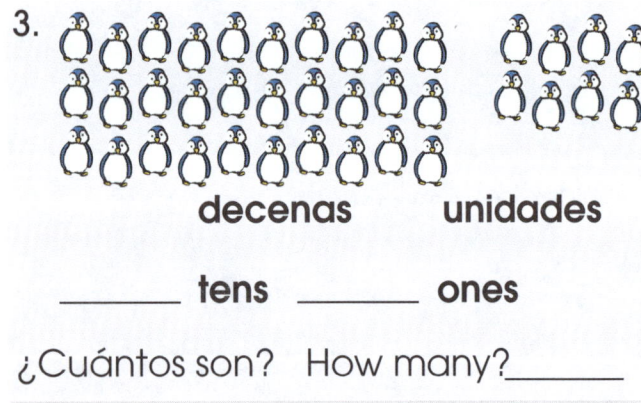

     decenas   unidades

    ____ tens   ____ ones

¿Cuántos son? How many? ____

4.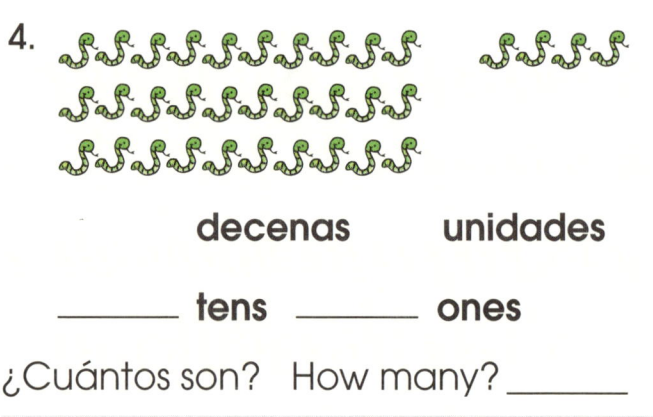

     decenas   unidades

    ____ tens   ____ ones

¿Cuántos son? How many? ____

5.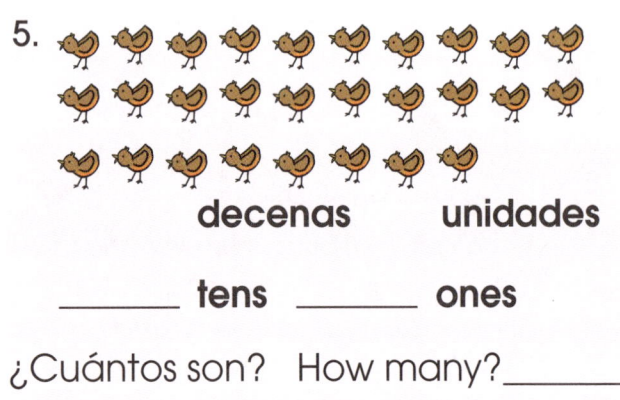

     decenas   unidades

    ____ tens   ____ ones

¿Cuántos son? How many? ____

6.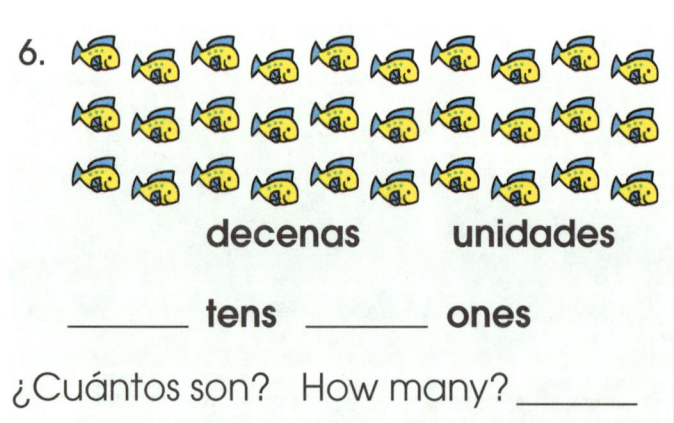

     decenas   unidades

    ____ tens   ____ ones

¿Cuántos son? How many? ____

Más Decenas y Unidades
More About Tens and Ones

decenas   unidades   decenas   unidades
                        tens   ones

__2__ tens __3__ ones   __2__ __3__

Cuenta las decenas y unidades. Escribe el número.
Count the tens and ones. Write the number.

1.

_____ decenas / tens   _____ unidades / ones   _____ decenas tens _____ unidades ones

2.

_____ decenas / tens   _____ unidades / ones   _____ decenas tens _____ unidades ones

3.

_____ decenas / tens   _____ unidades / ones   _____ decenas tens _____ unidades ones

4.

_____ decenas / tens   _____ unidades / ones   _____ decenas tens _____ unidades ones

Conectando Números con Decenas y Unidades
Matching Numbers with Tens and Ones

Escribe el número.
Conecta el número con el dibujo correcto.

Write the number. Match the number to the correct picture.

1. decenas unidades
   2 tens   6 ones   __26__

2. decenas unidad
   4 tens   1 one   _____

3. decenas unidades
   7 tens   0 ones   _____

4. decenas unidades
   5 tens   8 ones   _____

5. decenas unidades
   6 tens   2 ones   _____

6. decenas unidades
   8 tens   5 ones   _____

7. decenas unidades
   3 tens   7 ones   _____

¿Cuántas Decenas y Unidades?
How Many Tens and Ones?

Lee cada número.
Escribe el número de **decenas** y **unidades**.

Read each number.
Write the number of **tens** and **ones**.

		decenas tens	unidades ones			decenas tens	unidades ones
1.	25	2	5	2.	17	___	___
	43	___	___		71	___	___
	28	___	___		66	___	___
	30	___	___		19	___	___
	54	___	___		81	___	___
	65	___	___		40	___	___

¡Contemos hasta el 100!
Let's Count to 100!

Cuenta hasta 100.
Escribe los números que faltan.

Count to **100**.
Write the missing numbers.

1	2								10
11	12								
					26				
		33							
				45					
							58		60
				64					
	72								
						87			
									100

Cuenta de dos en dos. Encierra esas casillas.
Count by **2**s. Circle those squares.

¿Cuáles Números Faltan?
Which Numbers are Missing?

Escribe los números que faltan en cada fila.
Write the missing numbers in each row.

1 2 ___ 4 5 ___ 7 ___ ___ 10

41 ___ ___ ___ 45 46 ___ 48 ___ 50

___ 72 73 ___ 75 ___ ___ 78 ___ ___

31 ___ ___ ___ 35 ___ 37 ___ ___ ___

___ ___ 83 ___ ___ ___ ___ 88 ___ 90

61 ___ ___ ___ ___ ___ ___ ___ ___ 70

Contando por Unidades y Decenas
Counting by Ones and Tens

Empieza en el ▲. Conecta los puntos contando por **unidades** hasta 21.
Empieza en el ■. Conecta los puntos contando por **decenas** hasta 100.
Start at the ▲. Connect the dots counting by **ones** to 21.
Start at the ■. Connect the dots counting by **tens** to 100.

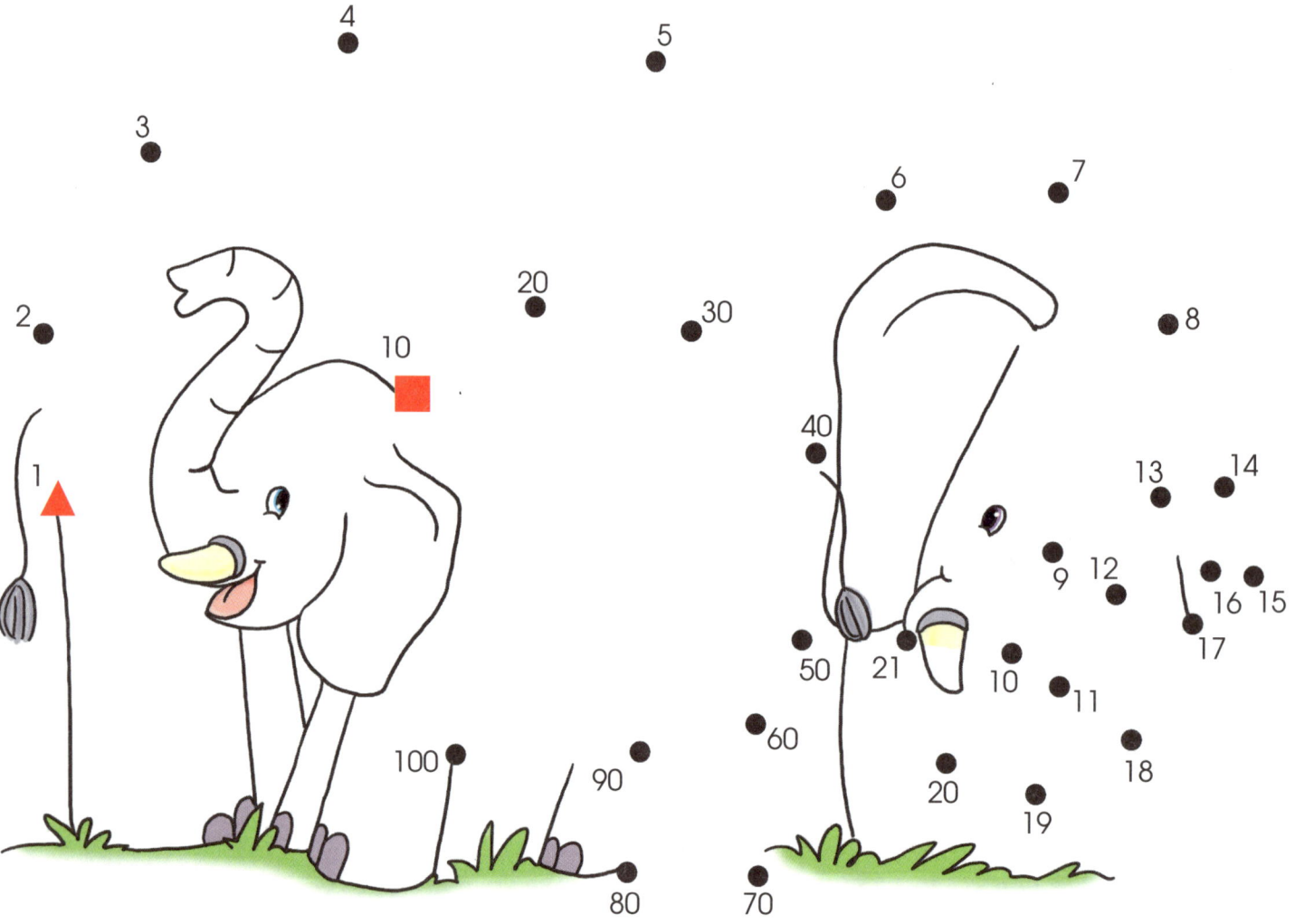

Cuenta por **decenas** hasta **100**. Escribe los números que faltan.
Count by **tens** to **100**. Write the missing numbers.

10 _____ 30 _____ _____

_____ 70 _____ _____ _____

Antes y Después
Before and After

Lee cada número.
Escribe el número que está **antes**.

Read each number.
Write the number that comes **before**.

1. __17__ 18   _____ 33

2. _____ 24   _____ 67

3. _____ 81   _____ 30

4. _____ 45   _____ 27

Lee cada número.
Escribe el número que está **después**.

Read each number.
Write the number that comes **after**.

5. 22 __23__   11 _____

6. 18 _____   37 _____

7. 27 _____   6 _____

8. 38 _____   69 _____

Comparando Decenas y Unidades
Comparing Tens and Ones

Escribe cuantas decenas y cuantos unidades. Luego escribe el número. Encierra el número **mayor**.

Write how many tens and how many ones. Then write the number. Circle the **greater** number.

1.

   decenas unidades   decenas unidades

   _3_ tens _2_ ones   _2_ tens _3_ ones

   (32)   23

2.

   decenas unidades   decenas unidades

   ___ tens ___ ones   ___ tens ___ ones

   _____   _____

3.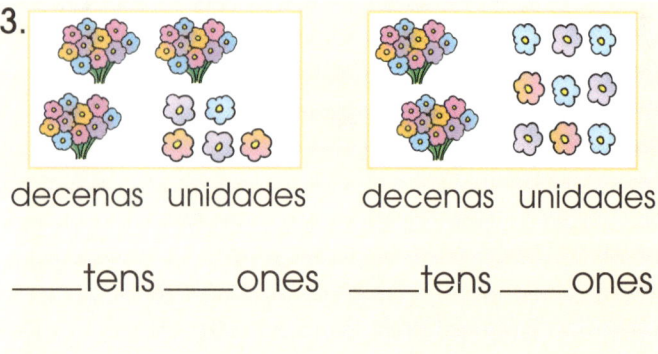

   decenas unidades   decenas unidades

   ___ tens ___ ones   ___ tens ___ ones

   _____   _____

4.

   decenas unidades   decenas unidades

   ___ tens ___ ones   ___ tens ___ ones

   _____   _____

5.

   decenas unidades   decenas unidades

   ___ tens ___ ones   ___ tens ___ ones

   _____   _____

6.

   decenas unidades   decenas unidades

   ___ tens ___ ones   ___ tens ___ ones

   _____   _____

Comparando números de dos dígitos con decenas y unidades
Comparing two-digit numbers using tens and ones

© School Zone Publishing Company

Mayor Que y Menor Que
Greater Than and Less Than

Encierra el número **mayor**.
Circle the number that is **greater**.

1. (23)   14   50   48   25   31

2. 19   21   35   27   10   15

3. 18   10   13   31   43   34

Encierra el número **menor**.
Circle the number that is **less**.

4. 55   (48)   25   31   23   36

5. 62   59   18   13   25   31

6. 58   69   44   54   78   82

Sumando hasta 15
Finding Sums through 15

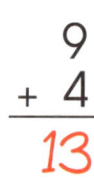
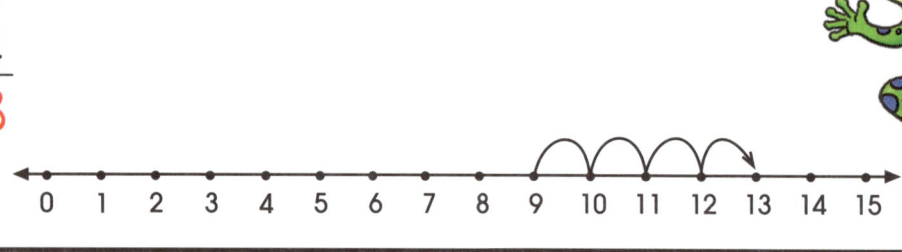

Encuentra las **sumas**.
Find the **sums**.

1.   8   7   9   8
      + 5   + 7   + 6   + 4

2.   7   5   8   6
      + 6   + 9   + 7   + 6

3.   6   7   4   8
      + 8   + 5   + 9   + 3

4.   7   9   7   5
      + 4   + 0   + 8   + 5

Más Adición
More Adding

Encuentra las **sumas**.
Find the **sums**.

1. 6 + 7 = ____   4 + 9 = ____   6 + 6 = ____

2. 8 + 6 = ____   7 + 5 = ____   8 + 0 = ____

3. 7 + 8 = ____   5 + 9 = ____   7 + 7 = ____

Encuentra los números que faltan.
Find the missing numbers.

4. 6 + ☐ = 14   9 + ☐ = 15   8 + ☐ = 12

5. ☐ + 7 = 13   8 + ☐ = 8   ☐ + 4 = 11

6. 3 + ☐ = 10   7 + ☐ = 15   ☐ + 9 = 14

Más Hechos de Resta
More Subtraction Facts

Piensa en un hecho de adición para ayudarte a encontrar la **diferencia**.
Think of an addition fact to help you find the **difference**.

14 − 6 = __8__

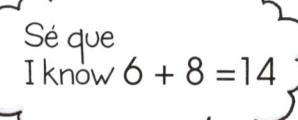
Sé que
I know 6 + 8 = 14

Encuentra las **diferencias**.
Find the **differences**.

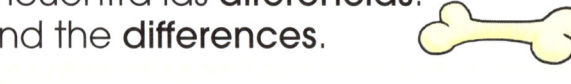

1. 11 − 7 = ____   13 − 9 = ____   12 − 5 = ____

2. 15 − 9 = ____   10 − 9 = ____   14 − 7 = ____

3. 12 − 3 = ____   15 − 8 = ____   13 − 8 = ____

4. 14 − 5 = ____   13 − 6 = ____   7 − 0 = ____

5. 12 − 8 = ____   9 − 9 = ____   14 − 9 = ____

6. 15 − 7 = ____   13 − 5 = ____   11 − 2 = ____

¿Sumar o Restar?
Do You Add or Subtract?

Escribe la **suma** o **diferencia**.
Write the **sum** or **difference**.

1. 9   11   8   11
   + 3   − 6   + 7   − 5

2. 12   14   8   0
   − 9   − 6   + 5   + 9

3. 9   12   13   12
   + 6   − 5   − 7   − 3

4. 14   9   8   7
   − 5   + 4   − 8   + 7

Sumas hasta 18
Finding Sums through 18

Solamente cuatro hechos nuevos de adición para recordar.
Only four more new addition facts to remember.

8 + 8 = _16_   8 + 9 = _17_

9 + 7 = _16_   9 + 9 = _18_

Encuentra las **sumas**.
Find the **sums**.

1. 8 + 6 = ____   8 + 7 = ____   8 + 8 = ____

2. 7 + 7 = ____   7 + 8 = ____   7 + 9 = ____

3. 9 + 7 = ____   9 + 8 = ____   9 + 9 = ____

Encuentra las **sumas**.
Find the **sums**.

4. 8   6   9   7
   +5   +7   +6   +4

5. 9   9   6   9
   +8   +7   +8   +9

Ruedas de Adición
Addition Number Wheels

Llena cada rueda de adición.
Añada el número exterior al número en el centro.

Fill in each addition number wheel.
Add the outer number to the middle number.

Colorea los números pares azul.
Color the even numbers blue.

Colorea los números impares rojo.
Color the odd numbers red.

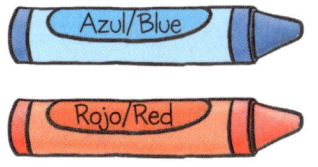

Tabla de Adición—Sumas hasta 18
Addition Facts Table—Sums through 18

Llena la tabla de adición por encontrando las **sumas**.
Fill in the addition facts table by finding the **sums**.

+	0	1	2	3	4	5	6	7	8	9
0	0			3						
1								8		
2			4							
3										
4						9				
5									13	
6	6									
7				11						
8										
9			11			14				

¿Qué es la **suma** de cada **doble**?
What is the **sum** of each **double**?

0 + 0 = _____   1 + 1 = _____   2 + 2 = _____   3 + 3 = _____   4 + 4 = _____

5 + 5 = _____   6 + 6 = _____   7 + 7 = _____   8 + 8 = _____   9 + 9 = _____

Encierra todos los **dobles** en la tabla de adición.
Circle all the **doubles** in the addition table.

Dobles y Más
Doubles and More

Si reconoces un **doble**, es fácil recordar un hecho de **doble más 1**.
If you know a **double**, it's easy to remember a **double plus 1** fact.

7 + 7 = __14__

7 + 8 = __15__

Encuentra las **sumas**. Usa la tabla de adición que se encuentra en la página 50 si quieres.
Find the **sums**. Use the addition facts table on page 50 if you need to.

1. 4 + 4 = ____

   4 + 5 = ____

2. 6 + 6 = ____

   6 + 7 = ____

3. 8 + 8 = ____

   8 + 9 = ____

4. 5 + 5 = ____

   5 + 6 = ____

5. 3 + 3 = ____

   3 + 4 = ____

6. 7 + 7 = ____

   7 + 8 = ____

Encuentra las **sumas**.
Find the **sums**.

7.   6   6
   +6   +7

8.   7   7
   +7   +8

9.   5   5
   +5   +6

10.   8   8
    +8   +9

Más Hechos de Resta
More Subtraction Facts

Mira a estos hechos de resta.
Look at these subtraction facts.

Cuando sabes un hecho, puedes pensar en otra.

When you know one fact, you can think of another fact.

16 - 9 = 7

16 - 7 = 9

Escribe las **diferencias**.
Write the **differences**.

1. 12 - 3 = ____

   12 - 9 = ____

2. 14 - 5 = ____

   14 - 9 = ____

3. 15 - 7 = ____

   15 - 8 = ____

4. 17 - 9 = ____

   17 - 8 = ____

5. 13 - 5 = ____

   13 - 8 = ____

6. 11 - 6 = ____

   11 - 5 = ____

Escribe las **diferencias**.
Luego escribe otro hecho de resta usando los mismos números.

Write the **difference**.
Then write another subtraction fact using the same numbers.

7. 14 - 6 = ____

   14 - 8 = ____

8. 17 - 8 = ____

   ____ - ____ = ____

9. 12 - 9 = ____

   ____ - ____ = ____

10. 15 - 7 = ____

    ____ - ____ = ____

11. 13 - 4 = ____

    ____ - ____ = ____

12. 15 - 9 = ____

    ____ - ____ = ____

Rompecabezas de Resta
Subtraction Puzzles

Llena las cajas en el rompecabezas.
Fill in the squares in the diamond puzzles.

Familias de Hechos
Fact Families

8 + 7 = 15   15 − 7 = 8
7 + 8 = 15   15 − 8 = 7

Los hechos de adición y resta están relacionados en una **familia de hechos**. Todos los hechos usan los mismos números.

The addition and subtraction facts are related in a **fact family**. All the facts use the same numbers.

Escribe las **sumas**. Usa la tabla de adición que se encuentra en la página 50 si quieres.
Write the **sums**. Use the addition facts table on page 50 if you need to.

1. 4 + 7 = _____
   7 + 4 = _____
   11 − 4 = _____
   11 − 7 = _____

2. 9 + 7 = _____
   7 + 9 = _____
   16 − 7 = _____
   16 − 9 = _____

3. 7 + 0 = _____
   0 + 7 = _____
   7 − 0 = _____
   7 − 7 = _____

4. 8 + 5 = _____
   5 + _____ = 13
   13 − 5 = _____
   13 − 8 = _____

5. 8 + 9 = _____
   9 + 8 = _____
   _____ − 9 = 8
   _____ − 8 = 9

6. 9 + 9 = _____
   18 − 9 = _____

Escribe una pareja de hechos de adición para cada grupo de números.
Write a pair of addition facts for each group of numbers.

7. 6 9 15
   ___ + ___ = ___
   ___ + ___ = ___
   ___ − ___ = ___
   ___ − ___ = ___

8. 9 9 0
   ___ + ___ = ___
   ___ + ___ = ___
   ___ − ___ = ___
   ___ − ___ = ___

9. 5 7 12
   ___ + ___ = ___
   ___ + ___ = ___
   ___ − ___ = ___
   ___ − ___ = ___

Sumando Tres Números
Adding Three Numbers

Primeramente suma dos números. Luego añade el tercer número para encontrar la suma.

Add any two numbers first. Then add the third number to find the sum.

Busca un diez. Entonces es fácil añadir otro número.

Look for a ten. Then adding a number is easy to do!

```
  4
  6  ⟨10⟩
+ 4
----
 14
```

```
  4
  6  ⟨8⟩
+ 4
----
 14
```

Busca un doble. Luego añade el tercer número.

Look for a double. Add the third number to it.

Encuentra las **sumas**.
Find the **sums**.

1.
```
   3        5        3        2        4
   4        3        7        9        4
+  4     +  5     +  7     +  2     +  2
```

2.
```
   3        4        3        5        8
   9        4        4        7        0
+  3     +  4     +  7     +  5     +  8
```

Sumando tres números: sumas hasta 18   Add three numbers; sums through 18   55

Acertijos Numerales
Number Riddles

Lee el problema. Encuentra el número.
Usa el espacio para tus calculaciones.

Read the problem. Find the number.
Use the space to figure out the problem.

1. Empieza con 3.
   Start with 3.

   Dobla el 3.
   Double it.

   Añade 8.
   Add 8.

   ¿Cuál es el número?
   What is the number? _____

2. Empieza con 5.
   Start with 5.

   Añade 3.
   Add 3.

   Añade 9.
   Add 9.

   ¿Cuál es el número?
   What is the number? _____

3. Empieza con 8.
   Start with 8.

   Resta 7.
   Subtract 7.

   Añade 3.
   Add 3.

   Dobla este número.
   Double it.

   ¿Cuál es el número?
   What is the number? _____

4. Empieza con 8.
   Start with 8.

   Resta 5.
   Subtract 5.

   Añade 1.
   Add 1.

   Resta 4.
   Subtract 4.

   ¿Cuál es el número?
   What is the number? _____

5. Empieza con 4.
   Start with 4.

   Dobla este número.
   Double it.

   Dobla este número.
   Double it.

   ¿Cuál es el número?
   What is the number? _____

Carrera hacia el Fin
Race to the Finish

Turnándose, cada jugador debe dar la respuesta a los problemas. El jugador que tenga más respuestas correctas es el ganador.

This race is for 2 players. Take turns giving the answer to every other problem. The player who has more correct answers is the winner.

Lo Que Aprendí Acerca de los Números
What I Learned About Numbers

Escribe **cuantos** hay en cada grupo.
Write **how many** are in each group.

1.  _____

2.  _____

Encierra grupos de **diez**. Cuenta los **unidades**. Escribe **cuantas**.
Circle groups of **ten**. Count the **ones**. Write **how many**.

3.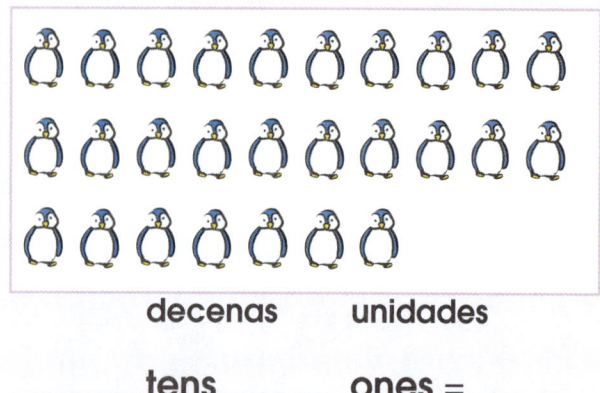

    decenas   unidades

_____ tens _____ ones = _____

4.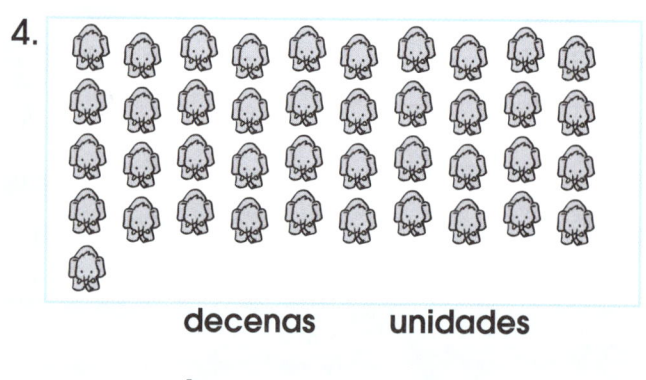

    decenas   unidades

_____ tens _____ ones = _____

5. **Cuenta** los objetos en cada grupo. Encierra el grupo que tiene **menos**.
   Count the objects in each group. Circle the group that has **less**.

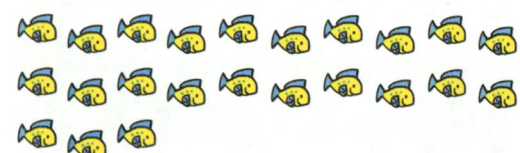 _____    _____

Encierra el número **mayor**.
Circle the number that is **greater**.

6. 29 37   7. 43 34   8. 69 70

Escribe los números que faltan.
Write the missing numbers.

9. 31, ____, 33, ____, ____, ____, 37, ____, 39, ____

10. 75, ____, ____, 78, ____, ____, 81, ____, ____, 84

Lo Que Aprendí Acerca de los Hechos
What I Learned About Facts

Encuentra las **sumas**.
Find the **sums**.

1. 5 + 6 = ____
2. 4 + 8 = ____
3. 9 + 9 = ____
4. 7 + 0 = ____
5. 8 + 9 = ____
6. 8 + 6 = ____

Encuentra las **diferencias**.
Find the **differences**.

7. 13 − 8 = ____
8. 5 − 5 = ____
9. 14 − 7 = ____
10. 16 − 9 = ____
11. 14 − 5 = ____
12. 15 − 8 = ____

Suma o **resta**.
Add or **subtract**.

13. 12
    − 5

14.   4
    + 9

15.   8
    − 0

16. 15
    − 6

17.   6
    + 6

18. 16
    − 8

19.   3
      6
    + 7

20.   6
      8
    + 4

21. Escribe un **familia de hechos** para estos números.   7 9 16
    Write a **fact family** for these numbers.

____ + ____ = ____   ____ − ____ = ____

____ + ____ = ____   ____ − ____ = ____

Hoja de Respuestas   Answer Key

Página 1 / Page 1

3, 5
2, 4
5, 1
7, 9

Página 2 / Page 2

Página 3 / Page 3

2
6 (bananas)
3 (pears)
10 (pumpkins)

Página 4 / Page 4

0, 1, **2**, 3, **4**,
5, **6**, 7, **8**, **9**, 10,
0, 1, **2**, 3, **4**,
5, **6**, 7, **8**, **9**, 10

Página 5 / Page 5

5, 7
9, 3
6, 10
8, 4

7 (watermelons)
5 (carrots)
9 (strawberries)
8 (oranges)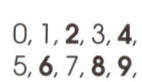

Página 6 / Page 6

1. 5 ranas — 5 frogs
2. 5 pájaros — 5 birds
3. 7 peces — 7 fish
4. 8 abejas — 8 bees
5. 3 jirafas — 3 giraffes
6. 10 delfínes — 10 dolphins
7. 4

Página 7 / Page 7

1. 3, ④
2. ⑥, 4
3. 5, ⑥
4. 3, ⑤
5. ⑦, 6
6. ③, 2

Página 8 / Page 8

1. 4 castores — 4 beavers
2. 2 libélulas — 2 dragon flies
3. 3 murciélagos — 3 bats
4. 1 mapache — 1 raccoon
5. 5 luciérnagas — 5 lightning bugs
6. 6 lechuzas — 6 owls
7. 9

Página 9 / Page 9

1. 5, ③
2. ④, 6
3. ⑥, 7
4. 9, ⑦
5. 10, ⑧
6. 6, ⑤

Página 10 / Page 10

1. 1 + 1 = 2
2. 1 + 2 = 3
3. 1 + 3 = 4
4. 1 + 4 = 5
5. 2 + 1 = 3
6. 2 + 2 = 4
7. 2 + 3 = 5
8. 4 + 1 = 5

Página 11 / Page 11

1. 2 + 1 = 3
2. 1 + 4 = 5
3. 3 + 2 = 5
4. 1 + 3 = 4
5. 2 + 3 = 5
6. 1 + 1 = 2
7. 2 + 2 = 4
8. 3 + 2 = 5

Página 12 / Page 12

1. 3 − 1 = 2
2. 4 − 1 = 3
3. 4 − 2 = 2
4. 5 − 2 = 3
5. 4 − 3 = 1
6. 5 − 3 = 2
7. 3 − 2 = 1
8. 5 − 3 = 2

Página 13 / Page 13

1. 5 − 1 = 4
2. 5 − 2 = 3
3. 5 − 3 = 2
4. 3 − 1 = 2
5. 4 − 2 = 2
6. 3 − 2 = 1
7. 5 − 1 = 4
8. 4 − 1 = 3

Página 14 / Page 14

+	0	1	2	3	4	5
0	0	1	2	3	4	5
1	1	2	3	4	5	
2	2	3	4	5		
3	3	4	5			
4	4	5				
5	5					

Página 15 / Page 15

1. 4   2. 2   3. 2
4. 4   5. 5   6. 1
7. 2   8. 3   9. 5
10. 4 11. 1 12. 5 13. 3
14. 1 15. 3 16. 4 17. 3

Página 16 / Page 16

1. 4 + 3 = 7
2. 2 + 6 = 8
3. 2 + 7 = 9
4. 4 + 2 = 6
5. 5 + 5 = 10
6. 1 + 6 = 7
7. 6 + 4 = 10
8. 4 + 5 = 9

Página 17 / Page 17

1. 7   2. 7
   9   9
   8   10
  10   8

3. 8   4. 9
   9   7
   7   8
  10   10

Página 18 / Page 18

+	0	1	2	3	4	5	6	7	8	9
0	0	1	2	3	4	5	6	7	8	9
1	1	2	3	4	5	6	7	8	9	10
2	2	3	4	5	6	7	8	9	10	
3	3	4	5	6	7	8	9	10		
4	4	5	6	7	8	9	10			
5	5	6	7	8	9	10				
6	6	7	8	9	10					
7	7	8	9	10						
8	8	9	10							
9	9	10								

Cada suma es 10
Each sum is 10

Página 19 / Page 19

1. 9, 9   2. 7, 7   3. 10, 10
4. 10, 10 5. 8, 8   6. 8, 8

7. 9, 5 + 4 = 9   8. 7, 4 + 3 = 7
9. 6, 0 + 6 = 6   10. 10, 2 + 8 = 10
11. 9, 9 + 0 = 9   12. 8, 7 + 1 = 8

13. 2 + 7 = 9, 7 + 2 = 9
14. 4 + 6 = 10, 6 + 4 = 10
15. 0 + 8 = 8, 8 + 0 = 8

Hoja de Respuestas — Answer Key

Página 20 / Page 20

1. 5 2. 5 3. 6
4. 8 5. 6 6. 4
7. 2 8. 6 9. 0 10. 5
11. 7 12. 3 13. 2 14. 2
15. 8 − 5 = 3

Página 21 / Page 21

1. 4, 3 2. 4, 5 3. 7, 0
4. 8, 1 5. 8, 2 6. 2, 6
7. 4, 9 − 4 = 5 8. 2, 7 − 2 = 5
9. 6, 6 − 6 = 0 10. 8, 10 − 8 = 2
11. 0, 8 − 0 = 8 12. 7, 8 − 7 = 1
13. 9 − 3 = 6, 9 − 6 = 3
14. 10 − 2 = 8, 10 − 8 = 2
15. 9 − 0 = 9, 9 − 9 = 0

Página 22 / Page 22

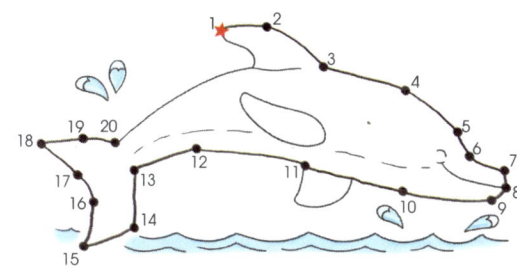

Página 23 / Page 23

1. 9 2. 5 3. 9
4. 9 5. 9 6. 5
7. 8 8. 9 9. 10
10. 10 11. 4 12. 7 13. 7
14. 3 15. 10 16. 10 17. 6

Página 24 / Page 24

1. 10 y and 5, 15
2. 10 y and 7, 17
3. 10 y and 10, 20
4. 10 y and 3, 13
5. 10 y and 6, 16
6. 10 y and 1, 11

Página 25 / Page 25

1. 11, 12, **13**, 14, **15**, 16, **17**, 18, **19**, 20
2. 11, **12**, **13**, **14**, 15, **16**, **17**, **18**, 19
3. 5, **6**, **7**, 8, **9**, **10**, 11, **12**, **13**, 14
4. **11**, **12**, 13, **14**, **15**, **16**, 17, **18**, **19**, 20

Página 26 / Page 26

1. 5 + 5 = 10   2. 6 + 4 = 10   3. 4 + 5 = 9
4. 6 + 3 = 9   5. 6 + 6 = 12   6. 6 + 5 = 11
7. 4 + 4 = 8   8. 2 + 6 = 8   9. 6 + 0 = 6
10. 6 + 5 = 11   11. 6 + 6 = 12
12. 4 + 6 = 10

Página 27 / Page 27

1. 11, 11, 10, 8
2. 12, 12, 9, 11
3. 12, 11, 10, 12

Página 28 / Page 28

1. 8, 2 2. 4, 8
3. 9, 3 4. 6
5. 7, 5 6. 8, 3
7. 7, 4 8. 6, 5

Página 29 / Page 29

1. 6, 6, 4,
2. 6, 8, 8,
3. 8, 9, 5,
4. 7, 7, 4,

Página 30 / Page 30

Página 31 / Page 31

Hoja de Respuestas   Answer Key

Página 32 / Page 32

1. Respuesta escrita / Answer given
2. 6 - 1,   5 + 0,   9 - 4
3. 10 - 2,   4 + 4,   2 + 6
4. 6 + 4,   7 + 3,   11 - 1
5. 12 - 0,   8 + 4,   7 + 5
6. 3 + 3,   12 - 6,   5 + 1
7. 9 + 2,   5 + 6,   8 + 3
8. 7 + 0,   11 - 4,   4 + 3

Página 33 / Page 33

3 Marrón Brown
1 Rojo Red
2 Amarillo Yellow
4 Verde Green
6 Azul Blue
5 Negro Black

Página 34 / Page 34

1. 2, 5, 25
2. 2, 6, 26
3. 3, 8, 38
4. 3, 4, 34
5. 2, 8, 28
6. 3, 0, 30

Página 35 / Page 35

1. 5, 6, 56
2. 3, 2, 32
3. 4, 7, 47
4. 6, 8, 68

Página 36 / Page 36

1. 2 tens 6 ones 26
2. 4 tens 1 one 41
3. 7 tens 0 ones 70
4. 5 tens 8 ones 58
5. 6 tens 2 ones 62
6. 8 tens 5 ones 85
7. 3 tens 7 ones 37

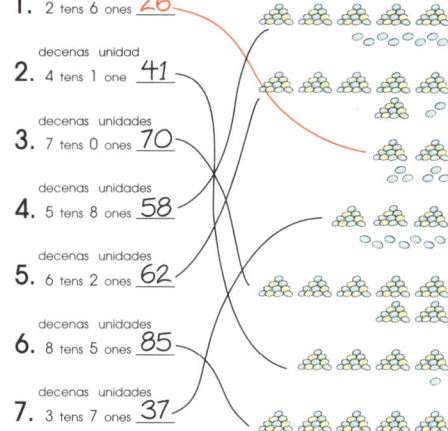

Página 37 / Page 37

1. tens ones
   2   5
   4   3
   2   8
   3   0
   5   4
   6   5

2. tens ones
   1   7
   7   1
   6   6
   1   9
   8   1
   4   0

Página 38 / Page 38

(hundred chart with circled numbers: 2, 4, 6, 10, 12, 14, 16, 18, 20, 22, 24, 26, 28, 30, 32, 34, 36, 38, 40, 42, 44, 45, 46, 48, 50, 52, 54, 56, 58, 60, 62, 64, 66, 68, 70, 72, 74, 76, 78, 80, 82, 84, 86, 87, 88, 90, 92, 94, 96, 98, 100)

Página 39 / Page 39

1 2 **3** 4 5 **6** 7 **8** **9** 10
41 **42** **43** **44** 45 46 **47** 48 **49** 50
71 72 73 **74** 75 **76** **77** 78 **79** **80**
31 **32** **33** **34** 35 **36** 37 **38** **39** **40**
81 **82** 83 **84** **85** **86** **87** 88 **89** 90
61 **62** **63** **64** 65 **66** 67 **68** **69** 70

Página 40 / Page 40

10 **20** 30 **40** **50**
60 70 **80** **90** **100**

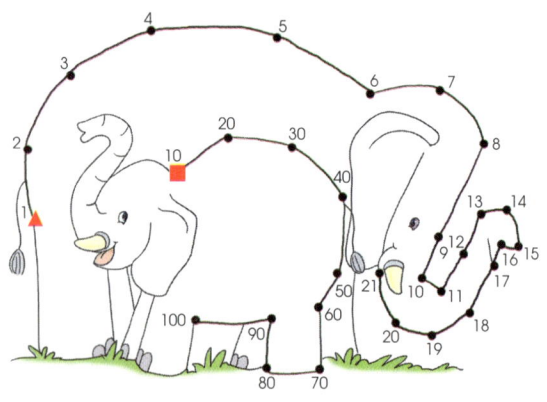

Página 41 / Page 41

Antes Before
1. 17, 32
2. 23, 66
3. 80, 29
4. 44, 26

Después After
5. 23, 12
6. 19, 38
7. 28, 7
8. 39, 70

Página 42 / Page 42

1. 3 tens 2 ones   2 tens 3 ones
   (32)   23
2. 2 tens 4 ones   2 tens 7 ones
   24   (27)
3. 3 tens 5 ones   2 tens 9 ones
   (35)   29
4. 4 tens 3 ones   3 tens 4 ones
   (43)   34
5. 1 ten 5 ones   2 tens 5 ones
   15   (25)
6. 5 tens 0 ones   4 tens 1 one
   (50)   41

Página 43 / Page 43

mayor greater
1. 23, 50, 31
2. 21, 35, 15
3. 18, 31, 43
menor less
4. 48, 25, 23
5. 59, 13, 25
6. 58, 44, 78

Página 44 / Page 44

1. 13, 14, 15, 12
2. 13, 14, 15, 12
3. 14, 12, 13, 11
4. 11, 9, 15, 10

Página 45 / Page 45

1. 13, 13, 12
2. 14, 12, 8
3. 15, 14, 14
4. 8, 6, 4
5. 6, 0, 7
6. 7, 8, 5

Página 46 / Page 46

1. 4, 4, 7
2. 6, 1, 7
3. 9, 7, 5
4. 9, 7, 7
5. 4, 0, 5
6. 8, 8, 9

Página 47 / Page 47

1. 12, 5, 15, 6
2. 3, 8, 13, 9
3. 15, 7, 6, 9
4. 9, 13, 0, 14

Página 48 / Page 48

1. 14, 15, 16
2. 14, 15, 16
3. 16, 17, 18
4. 13, 13, 15, 11
5. 17, 16, 14, 18

Hoja de Respuestas

Answer Key

Página 49
Page 49

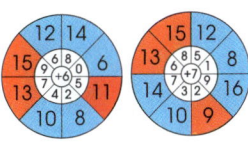
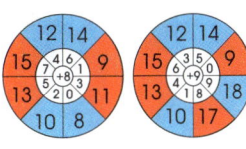

Página 50
Page 50

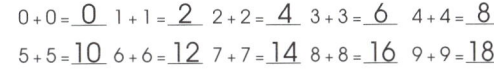

0 + 0 = 0   1 + 1 = 2   2 + 2 = 4   3 + 3 = 6   4 + 4 = 8
5 + 5 = 10   6 + 6 = 12   7 + 7 = 14   8 + 8 = 16   9 + 9 = 18

Página 51
Page 51

1. 8, 9   2. 12, 13   3. 16, 17
4. 10, 11   5. 6, 7   6. 14, 15
7. 12, 13   8. 14, 15
9. 10, 11   10. 16, 17

Página 52
Page 52

1. 9, 3   2. 9, 5   3. 8, 7
4. 8, 9   5. 8, 5   6. 5, 6
7. 8, 14 − 8 = 6
8. 9, 17 − 9 = 8
9. 3, 12 − 3 = 9
10. 8, 15 − 8 = 7
11. 9, 13 − 9 = 4
12. 6, 15 − 6 = 9

Página 53
Page 53

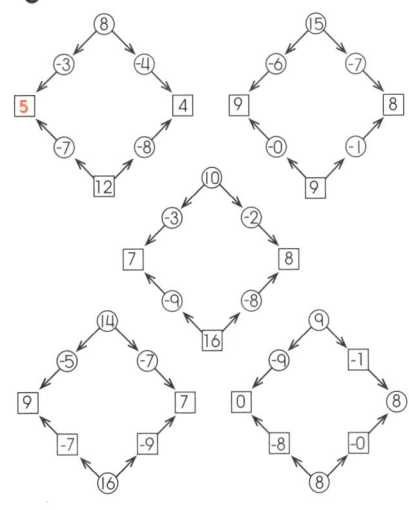

Página 54
Page 54

1. 11, 11, 7, 4
2. 16, 16, 9, 7
3. 7, 7, 7, 0
4. 13, 8, 8, 5
5. 17, 17, 17, 17
6. 18, 9
7. 6 + 9 = 15   8. 9 + 0 = 9   9. 5 + 7 = 12
   9 + 6 = 15   0 + 9 = 9   7 + 5 = 12
   15 − 6 = 9   9 − 0 = 9   12 − 5 = 7
   15 − 9 = 6   9 − 9 = 0   12 − 7 = 5

Página 55
Page 55

1. 11, 13, 17, 13, 10
2. 15, 12, 14, 17, 16

Página 56
Page 56

1. 14
2. 17
3. 8
4. 0
5. 16

Página 57
Page 57

Página 58
Page 58

1. 9   2. 16
3. 2, 7, 27   4. 4, 1, 41
5. 23, 33   6. 29, 37
7. 43, 34   8. 69, 70
9. 31, **32**, 33, **34**, **35**, **36**, 37, **38**, 39, 40
10. 75, **76**, **77**, 78, **79**, **80**, 81, **82**, **83**, 84

Página 59
Page 59

1. 11   2. 12   3. 18
4. 7   5. 17   6. 14
7. 5   8. 0   9. 7
10. 7   11. 9   12. 7
13. 7   14. 13   15. 8   16. 9
17. 12   18. 8   19. 16   20. 18
21. 7 + 9 = 16
    9 + 7 = 16
    16 − 7 = 9
    16 − 9 = 7